Le hollandais sans peine

par

Marie-Aude Murail

Cornelsen

Le hollandais sans peine

von
Marie-Aude Murail

Verlagsredaktion
Dr. Richard Batz

Technische Umsetzung
Sabine Berndt

Graphik
Odile Herrenschmidt

annotiert und herausgegeben von
Gerhard Krüger, Dr. Jean Lefebvre

www.cornelsen.de

1. Auflage, 6. Druck 2014

Alle Drucke dieser Auflage sind inhaltlich unverändert
und können im Unterricht nebeneinander verwendet werden.

Druck: Offizin Andersen Nexö Leipzig

ISBN 978-3-464-07429-9

Inhalt gedruckt auf säurefreiem Papier aus nachhaltiger Forstwirtschaft.

I

C'est dans ma neuvième année que j'ai appris le hollandais. À cette époque-là, j'avais un papa, un chic type dans mon genre, qui voulait que ses enfants réussissent dans la vie. Lui n'avait pas beaucoup travaillé à l'école; ce qui ne l'empêchait pas, tous les étés, de nous acheter à ma sœur Christine et à moi des «cahiers de vacances». Christine adorait ça. Le lundi soir, elle avait déjà fait son cahier jusqu'au jeudi. Moi, je n'ai jamais pu terminer le mien.

Cette année-là, Papa nous dit:

– Nous allons camper à l'étranger.

Il se tourna vers Maman:

– J'ai pensé que pour les enfants, ce serait bien que nous allions en Allemagne. Ils entendront parler allemand toute la journée. C'est ce qu'on appelle «un bain de langue».

Moi, je rêvais surtout de bains de mer. Je demandai:

– Ça sert à quoi, un bain de langue?

Papa explosa:

– Mais bon sang, Jean-Charles! À la fin du mois, tu sauras parler allemand. C'est très important, pour réussir dans la vie, de savoir parler une langue étrangère.

Je demandai:

– Et toi, tu sais l'allemand?

Mon papa toussa et répondit: «Un peu.» Ce qui était un vrai mensonge.

II

Au mois d'août, nous sommes donc partis vers l'Allemagne pour apprendre l'allemand, nos précieux cahiers de vacances glissés dans nos bagages entre la bouée et le maillot de bain.

Nos ennuis commencèrent à la douane. Le douanier allemand se mit à nous parler tout en dessinant dans l'air des petits carrés. Nous ne comprenions rien. Papa ouvrit le coffre, les valises, sa sacoche; il allait même vider ses poches quand je lui dis:

– Je crois qu'il veut voir nos cartes d'identité.

C'était exact. Papa prit son air des grands jours et nous expliqua:

– L'allemand est une langue très difficile. Très belle mais très difficile.

Les choses s'aggravèrent une fois au camping. Le gardien était tout aussi bavard que le douanier, et après une journée de route en voiture, nous n'avions pas fait beaucoup de progrès en allemand. Papa s'épongeait le front, Maman répétait:

– Mais qu'est-ce qu'il nous veut?

Et le gardien continuait à parler, tout en dessinant dans l'air de petits triangles. Je dis à Papa:

– Il veut qu'on aille planter notre tente.

C'était exact. Le gardien me remercia d'un signe de tête et Papa me dit:

– Tu es sûrement doué pour l'allemand, Jean-Charles.

III

Au dîner, mon père m'expliqua comment je devais prendre mon bain de langue:

– Tu vas faire connaissance avec un petit garçon allemand de ton âge. Vous jouerez ensemble, il te dira des mots en allemand, tu les répéteras et ça viendra tout seul.

Je bougonnai:

– Je n'ai pas envie de jouer avec un garçon allemand.

Maman s'écria:

– Les enfants allemands sont aussi bien que les enfants français!

– Non, ils sont bêtes, dis-je.

Mon père prit de nouveau son air des grands jours:

– Jean-Charles, tu me fais de la peine. Les enfants ont tous la même valeur, qu'ils soient blancs ou noirs, espagnols ou allemands.

Je répétai tout bas:

– Ils sont bêtes.

Mais vraiment tout bas, pour ne pas déchaîner une tempête.

C'est alors qu'une dame blonde accompagnée d'un petit garçon blond passèrent devant notre tente. Ils portaient la vaisselle du dîner dans deux cuvettes. La dame nous regarda, sourit et nous dit quelque chose.

– Bonsoir! claironnèrent Papa et Maman.

Le petit garçon nous jeta un coup d'œil. Il avait mon âge, il était probablement allemand, il campait à deux pas de nous.

– Et tu vois, dit mon père, il aide sa maman à faire la vaisselle.

– Propose-lui une partie de ballon, ajouta ma mère.

IV

Mes parents me regardaient, ma sœur me regardait, les voisins de tente me regardaient, même le chien du gardien me regardait. La terre entière attendait que j'aille jouer au ballon avec le petit garçon allemand. Je haussai les épaules, je donnai un coup de pied dans mon ballon et je me dirigeai en ronchonnant vers la tente d'à côté.

Le petit garçon semblait m'attendre, les mains sur les hanches. Je shootai. Il arrêta mon ballon sans effort. Il était sûrement idiot, mais il n'était pas maladroit. La partie s'engagea.

Au bout de dix minutes, j'avais oublié mon bain de langue, mais je m'amusais bien. Le petit garçon blond bloqua le ballon sous son pied et, tapant sur la poitrine, il me cria:

– Niclausse!

Ou quelque chose dans ce genre-là. Je compris qu'il se présentait. Je tapai sur ma poitrine et, pour plaisanter, je criai:

– Moi, Tarzan!

Mon nouveau camarade était un enfant sérieux. Il répéta après moi:

– Moatazan.

Il avait l'intention de prendre un bain de langue. Il répéta une deuxième fois: «Moatazan», avec beaucoup d'application. Je n'aimais pas tellement mon prénom. Je songeai que «Moatazan» ferait tout aussi bien l'affaire que «Jean-Charles», pendant ce mois d'août.

V

Nous nous assîmes dans l'herbe. L'idée me traversa alors qu'il est très difficile de devenir le copain de quelqu'un qui ne dit pas un seul mot de la même façon que vous. Mon ami Niclausse cueillit une fleur et prononça un mot comme «flour» ou «flaour» ou peut-être «flaveur». Par politesse, je répétai. Il éclata de rire. J'avais sans doute mal prononcé. Il me fit signe ensuite de donner son nom à la fleur dans ma langue.

Que se passa-t-il dans ma tête, à ce moment-là? Je trouvai tout à coup stupide d'appeler «fleur» une fleur. Je savais bien que c'était son nom. Alors, je dis:

– Chprout!

Niclausse répéta:

– Chprout.

C'était sûrement un bon élève à l'école. Je secouai la tête pour lui indiquer qu'il prononçait mal. Je rectifiai:

– Chprouout!

Et Niclausse répéta. Pris soudain d'une véritable folie, je lui montrai un arbre:

– Trabeun!

– Trabeun, dit Niclausse.

Puis, pour ne pas perdre le vocabulaire fraîchement acquis, il récapitula:

– Chprouout, trabeun!

Je fis bravo en tapant dans mes mains. Puis je lui désignai notre toile de tente:

– Chrapati.

– Chrapati, fit Niclausse, élève docile.

Au bout du dixième mot, je pris peur de tout mélanger, d'autant que Niclausse était doué d'une mémoire redoutable. Je courus à ma tente en criant:

– Moatazan chrapati ...

Ce qui signifiait, bien évidemment, que j'allais faire un saut jusqu'à ma tente. Niclausse me comprit parfaitement.

Mes parents me virent entrer, tout excité.

– Tu t'amuses bien? me demanda Papa.

– Oh oui! Je vais écrire des mots dans un cahier.

Je me saisis du fameux cahier de vacances.

– Des mots d'allemand? me demanda mon père, plein d'espoir.

– Non, criai-je en m'enfuyant, c'est du hollandais! Niclausse est hollandais!

J'étais ravi de cette dernière trouvaille.

VI

Le lendemain après-midi, j'avais déjà recouvert six feuilles de mon cahier de vacances avec un lexique franco-hollandais. Comme j'étais un excellent professeur, Niclausse progressait très vite. En fin de journée, nous avions presque des petites conversations. Je disais:

– Moatazan gaboum chrouillasse.

Ce qui voulait dire:

– Moatazan aimer mer.

Niclausse me répondait avec conviction:

– Niclausse gaboum chrouillasse.

Mon ami était persuadé qu'il apprenait le français et je crois bien que, de temps en temps, il allait répéter un mot de français à ses parents.

Le soir, mon père me demanda sévèrement:

– Tu as fait ton cahier de vacances?

Maman intervint, toujours prête à me trouver de bonnes excuses:

– Écoute, il fait du hollandais toute la journée. Il peut bien se reposer.

Je pris un air des plus fatigués. Papa me passa la main dans les cheveux.

– Alors, sais-tu comment on dit «bonjour» en hollandais?

Je n'y avais pas encore pensé. J'improvisai:

– C'est «houlaï!»

Papa regarda ma mère en riant:

– C'est drôle comme langue, tu ne trouves pas? «Houlaï!»

Naturellement, le lendemain matin, quand Papa aperçut la maman de Niclausse, il leva la main et lança un «houlaï!» retentissant. La dame s'arrêta, indécise, puis elle sourit et répondit:

– Houlaï!

Elle venait d'apprendre à dire «bonjour» en français. Décidément, mon invention faisait plus d'un heureux.

VII

Par malheur, mon père était quelqu'un de très systématique. Puisque je ne faisais pas mon cahier de vacances, j'étais tenu d'apprendre au moins dix mots de hollandais par jour. Mon père m'énuméra tout ce que je devais savoir:

– Les vêtements, la nourriture, les parties du corps, les saisons, les chiffres ...

J'étais catastrophé. Arriverais-je à inventer dix mots nouveaux par jour?

Niclausse était encore plus dangereux que mon père. Il apprenait mes listes de vocabulaire en un clin d'œil et il allait finir par savoir le français mieux que moi!

Le soir, assis sur un pliant, la lampe à gaz sifflant au-dessus de ma tête, je récitais mon hollandais à Papa. Mon père disait:

– Chaussette?

Je répondais:

– «Tramil». «Tramiles» au pluriel.

– Pantalon?

– «Padpad».

– Short?

– «Pad».

Papa se tournait alors vers Maman:

– C'est intéressant comme langue. Un short est un petit pantalon. Donc, le short c'est «pad» et le pantalon c'est «padpad». C'est logique, beaucoup plus logique que le français.

Un midi, tandis que je révisais mon hollandais, j'entendis ma mère qui marmonnait:

– Ah zut! Plus d'œuf pour la mayonnaise.

Elle m'appela:

– Jean-Charles! Comment dit-on «œuf» en hollandais?

Je répondis machinalement:

– «Vroug»

Nous venions d'apprendre les aliments avec Niclausse.

– «Vroug», répéta Maman.

Et elle s'éloigna à grands pas. Je sursautai:

– Mais Maman ...

VIII

Trop tard. Ma mère se dirigeait vers la chrapati voisine. Elle allait dire «houlaï!» et demander un «vroug». J'attendis quelques instants en me mordant les doigts d'inquiétude. Ma mère revint, l'air désolé, portant une bouteille:

– La dame m'a donné du vinaigre, me dit-elle.

– Tu n'as pas un bon accent, expliquai-je, c'est très important, l'accent en hollandais.

Maman me regarda:

– Eh bien, vas-y, toi. Ils te comprendront.

Ma mère avait l'air d'en être tellement sûre.

Je ne voulais pas la décevoir. Je me rendis chez nos voisins, en traînant les pieds. Comment faire comprendre à cette dame qu'il me fallait un œuf?

La maman de Niclausse me vit entrer et me salua en français:

– Houlaï!

– Houlaï! dis-je, de plus en plus désespéré.

Niclausse entra alors en courant:

– Houlaï, Moatazan!

Mon visage s'éclaira. Niclausse était là. Tout devenait simple. Nous parlions la même langue, lui et moi.

– Vroug, dis-je.

Niclausse se tourna vers sa maman et dit quelque chose comme «anègue». La dame me fit signe avec les doigts. Un, deux, trois?

– Nu, dveuch, trioche? me demanda Niclausse.

Nous avions appris à compter jusqu'à vingt.

– Nu, dis-je, nu vroug.

Je revins, portant fièrement mon œuf. Maman me félicita,

et Papa en profita pour me faire un discours sur l'intérêt pratique des langues étrangères. Ma mère s'inquiéta soudain:

– Tu as dit merci, au moins?

Pour qui me prenait-on? Bien sûr, j'avais dit merci. «Spretzouille» en hollandais.

IX

Christine, ma petite sœur, avait bien vite repéré que mon ami Niclausse avait lui-même une sœur. Par chance, Christine n'était pas du tout attirée par le hollandais. Elle se contenta de savoir que son amie se prénommait «Barbra», et elle joua avec elle à s'ensevelir dans le sable.

Un jour, les parents de Niclausse partirent faire un tour en voilier et, par suite de vents contraires, tardèrent à revenir au port. Niclausse était un peu inquiet, mais nos études le distrayaient. Soudain, ma mère arriva près de nous en criant:

– Avez-vous vu Christine?

Plus de Christine, plus de Barbra. Ni dans le camping, ni sur la plage privée.

– Gouda Christine? demandai-je à Niclausse.

«Gouda?» voulait dire «où?»

– Gouda Barbra? insistai-je.

Mon ami se redressa d'un bond et me dit:

– Chrapati chrouillasse.

– Qu'est-ce qu'il raconte? demanda Maman.

Je traduisis:

– Il parle d'une tente près de la mer. Il y a des gens qui font du camping sauvage, là-bas. Il croit que les filles sont là.

Nous nous mîmes à courir vers la mer. À la façon dont Niclausse galopait à mes côtés, je compris qu'on peut aimer sa petite sœur dans n'importe quelle langue.

X

Nous arrivâmes à la tente des campeurs. Il y avait un grand trou dans les sables, mais les petites n'y jouaient plus. Les campeurs nous regardaient avec étonnement. Dans mon affolement, je les questionnai en hollandais:

– Gouda Christine?

Ils arrondirent les yeux et se dirent entre eux:

– Qu'est-ce qu'il veut avec son «gouda»?

Je poussai un cri de joie. C'étaient des Français! Ils nous montrèrent un petit bois: les fillettes étaient par là. Je me tournai vers Niclausse:

– Trabeun!

Il regarda les arbres et se reprit à courir en appelant sa

sœur. Christine et Barbra étaient bien là, jouant à se construire une cabane. Ma sœur reçut une claque de ma mère, et moi, les compliments de Papa. Sans le hollandais, c'était certain, ma sœur aurait été perdue.

Quand les parents de Niclausse débarquèrent enfin, mon ami les mit au courant du terrible danger qu'avait couru leur fille. La maman de Niclausse m'embrassa et me dit:

– Brova!

Ce qui, tout le monde le sait, veut dire «bravo» en français.

XI

Après un mois de bain de langue, de bain de mer et de bain de sable, le jour du départ vint enfin. Niclausse me serra la main et, les yeux un peu brouillés, me dit solennellement:

– Niclausse gaboum Moatazan.

Ai-je besoin de traduire? Cela voulait dire, évidemment, que nous étions devenus amis.

– Demande-lui son adresse, me suggéra Maman.

Niclausse me l'écrivit. Je découvris alors qu'il s'appelait Nicolas O'Sullivan et qu'il habitait à Dublin, Irlande. Je glissai très vite le papier dans ma poche et je prétendis par la suite que ma poche était trouée ...

C'est depuis cet été en Allemagne qu'est née dans ma

famille la légende selon laquelle je serais doué pour les langues étrangères. C'est à cause de cette légende que j'ai appris l'allemand et l'anglais au lycée, puis, plus tard, le russe, l'espagnol, l'italien, le chinois, l'arabe et le japonais. Je suis devenu un grand savant, et je le dois à mes parents.

Aussi, quand j'aurai pris ma retraite, j'en fais ici la promesse: mon cher papa, j'apprendrai le hollandais!

GRAMMAIRE

Im Text kommen einige grammatische Formen vor, die ihr bisher wahrscheinlich noch nicht kennen gelernt habt. Es handelt sich dabei meistens um Zeitformen. Um diese Formen erschließen zu können braucht ihr euch nur die nachfolgende Übersicht anzuschauen.

1. Das *futur simple*

Um auszudrücken, dass eine Handlung in der Zukunft stattfindet, kann man das *futur simple* verwenden. Es werden einfach die Präsensendungen des Hilfsverbs *avoir* an den Infinitiv des entprechenden Verbs angehängt. Bei Verben auf *-re* fällt das *-e* des Infinitivs weg.

	jouer	finir	rendre
je	jouerai	finirai	rendrai
tu	joueras	finiras	rendras
il/elle/on	jouera	finira	rendra
nous	jouerons	finirons	rendrons
vous	jouerez	finirez	rendrez
ils/elles	joueront	finiront	rendront

Ausnahmen, die im Text vorkommen:

tu sauras *(futur du verbe* savoir)
ça viendra *(futur du verbe* venir)

2. Das *conditionnel*

Dem *conditionnel* entspricht im Deutschen meistens die würde-Form: Ich würde gehen; sie würde lernen. Das *conditionnel* wird ähnlich wie das *futur simple* gebildet. Die Endungen des Hilfsverbes *avoir* im *imparfait* werden an den Infinitiv angehängt.

	jouer	finir	rendre
je	jouerais	finirais	rendrais
tu	jouerais	finirais	rendrais
il/elle/on	jouerait	finirait	rendrait
nous	jouerions	finirions	rendrions
vous	joueriez	finiriez	rendriez
ils/elles	joueraient	finiraient	rendraient

Ausnahmen, die im Text vorkommen:

ce serait *(conditionnel du verbe* être)
il aurait *(conditionnel du verbe* avoir)
il ferait *(conditionnel du verbe* faire)

3. Das *passé simple*

In der Literatur benutzt man anstelle des *passé composé* gerne das *passé simple*. Es wird gebildet, indem man bestimmte Endungen an den Stamm des Infinitivs anhängt.

	jouer	finir	rendre
je	jouai	finis	rendis
tu	jouas	finis	rendis
il/elle/on	joua	finit	rendit
nous	jouâmes	finîmes	rendîmes
vous	jouâtes	finîtes	rendîtes
ils/elles	jouèrent	finirent	rendirent

Ausnahmen, die im Text vorkommen:

nous nous assîmes *(passé simple du verbe* s'asseoir)
il fit *(passé simple du verbe* faire)
il mit *(passé simple du verbe* mettre)
il vint *(passé simple du verbe* venir)
ils virent *(passé simple du verbe* voir)
il aperçut *(passé simple du verbe* apercevoir)
il courut *(passé simple du verbe* courir)
il reçut *(passé simple du verbe* recevoir)

VOCABULAIRE

Abkürzungen:

adj.:	adjectif	*f.:*	féminin	qc:	quelque chose	*pl.:*	pluriel
adv.:	adverbe	*m.:*	masculin	qn:	quelqu'un	*subj.:*	subjonctif

A

accompagner qn jdn begleiten
acquis/e erworben
l' **affaire** *f.* **(faire l'affaire)** passen, für etw. ausreichend sein
l' **affolement** *m.* panische Angst
s' **aggraver** sich verschlimmern
aille (qu'il/elle aille) *subj. du verbe* aller
l' **air** *m.* **des grands jours** feierliche Miene
ajouter qc etw. hinzufügen
l' **aliment** *m.* Nahrungsmittel
allions (que nous allions) *subj. du verbe* aller
il aperçut *passé simple du verbe* apercevoir er erblickte
l' **application** *f.* Fleiß
arrêter qn/qc jdn/etw. stoppen
arrondir les yeux die Augen weit aufreißen
nous nous assîmes *passé simple du verbe* s' **asseoir** sich setzen

attiré/e (être attiré/e) angezogen sein
autant (d'autant que) umso mehr

B

bas (tout bas) ganz leise
bavard/e geschwätzig
bête *adj.* dumm
le **bois** Wald
le **bond** Sprung
la **bouée** Schwimmreifen
bougonner murmeln
bout (au bout de) nach, am Ende von
brouillé/e (avoir les yeux brouillés) feuchte Augen haben

C

la **cabane** Hütte
le **cahier de vacances** Heft mit Hausaufgaben für die Ferien
le **carré** Viereck
la **carte d'identité** Personalausweis
catastrophé/e (être catastrophé/e) am Boden zerstört sein
la **chaussette** Socke

la **claque** Ohrfeige

le **clin d'œil (en un clin d'œil)** im Nu

le **coffre** Kofferraum

compter qc etw. zählen

se **contenter de qc** sich mit etw. begnügen

la **conviction** Überzeugung

le **coup de pied** (Fuß)Tritt

le **coup d'œil (jeter un coup d'œil)** einen Blick werfen

cueillir qc etw. pflücken

la **cuvette** (Spül)Schüssel

D

de plus en plus mehr und mehr

débarquer ankommen

décevoir qn jdn enttäuschen

déchaîner une tempête einen Sturm auslösen

décidément *adv.* wahrhaftig

désespéré/e verzweifelt

désigner qn/qc auf jdn/etw. zeigen

désolé/e betrübt, untröstlich

devoir qc à qn jdm etw. verdanken

se **diriger vers qn/qc** auf jdn/etw. zugehen

le **discours** Rede

distraire qn jdn ablenken

docile gelehrig
le **doigt** Finger
la **douane** Zoll
le **douanier** Zöllner
doué/e begabt

E

s' **éclairer** sich aufhellen
éclater de rire in Lachen ausbrechen
s' **écrier** ausrufen
l' **effort** *m.* Mühe, Anstrengung
s' **éloigner** sich entfernen
embrasser qn jdn umarmen
empêcher qn de jdn an etw. hindern
s' **enfuir** davonlaufen, flüchten
s' **engager** *ici:* beginnen
l' **ennui** *m.* Sorge
s' **ensevelir** sich eingraben
énumérer qc etw. aufzählen
s' **éponger le front** sich den Schweiß von der Stirn wischen
l' **espoir** *m.* Hoffnung
l' **étonnement** *m.* Erstaunen
les **études** *f. pl.* Studium
évidemment *adv.* offensichtlich

excité/e erregt
exploser explodieren

F

la **façon** Art
féliciter qn (de qc) jdn (zu etw.) beglückwünschen, loben
la **feuille** Blatt
finir par faire qc schließlich etw. tun
la **folie** Wahnsinn
le **front** Stirn

G

le **gardien** Wächter
le **genre** Art
glisser gleiten

H

la **hanche** Hüfte
hausser les épaules mit den Schultern zucken
l' **herbe** *f.* Gras
hollandais/e holländisch

I

indécis/e unentschlossen

indiquer qc à qn jdm etw. zeigen, zu verstehen geben

s' **inquiéter** sich beunruhigen, sich aufregen

l' **inquiétude** *f.* Aufregung, Beunruhigung

insister *ici:* mit Nachdruck wiederholen

l' **intention** *f.* Absicht

l' **intérêt** *m.* *ici:* Nutzen

intervenir sich einmischen, einschreiten

l' **invention** *f.* Erfindung

J

la **joie** *f.* Freude

L

la **langue** *f.* Sprache, Zunge

le **lexique** Wortschatz, Vokabeln

M

machinalement *adv.* *ici:* automatisch, spontan
le **maillot de bain** Badeanzug
maladroit/e ungeschickt
marmonner qc etw. murmeln
mélanger qc *ici:* etw. verwechseln
la **mémoire** Gedächtnis
le **mensonge** Lüge
se **mettre à faire qc** beginnen etw. zu tun
mettre (qn) au courant de (jdn) informieren, unterrichten über
le **mien** das meinige
mordre qn jdn beißen

N

n'importe (dans n'importe quelle langue) in jeder beliebigen Sprache
la **nourriture** Nahrung(smittel)

P

la **partie du corps** Körperteil
le **pas** Schritt

la **peine** Mühe
faire de la peine à qn jdm wehtun, Kummer bereiten
persuader qn (de qc) jdn (von etw.) überzeugen
plaisanter Spaß machen
planter une tente ein Zelt aufstellen
le **pliant** Campingstuhl, Faltstuhl
la **poitrine** Brust
la **politesse** Höflichkeit
précieux/-euse kostbar
prêt/e bereit
prétendre qc etw. behaupten
privé/e privat
probablement *adv.* vermutlich
puisque *ici:* weil

Q

questionner qn jdn befragen

R

ravi/e entzückt sein
récapituler qc etw. wiederholen
recevoir qc etw. empfangen, erhalten

recouvrir qc *ici:* etw. vollschreiben
rectifier qc etw. berichtigen
redoutable *ici:* gefährlich
se **redresser** sich aufrichten
remercier qn (de qc) jdm (für etw.) danken
repérer qc etw. merken, mitbekommen
retentissant/e schallend
la **retraite** Rente, Ruhestand
réviser qc etw. wiederholen
ronchonner vor sich hin schimpfen

S

le **sable** Sand
la **sacoche** (Umhänge)Tasche
se **saisir de qc** etw. ergreifen
la **saison** Jahreszeit
le **sang** Blut
bon sang verflixt
sans doute zweifellos, bestimmt
le **saut** Sprung
le **savant** Gelehrter
secouer qn/qc jdn/etw. schütteln
sembler scheinen
serrer la main à qn jdm die Hand schütteln
servir (be)dienen
shooter gegen einen Ball treten

sifflant/e pfeifend
le **signe** Zeichen
signifier qc etw. bedeuten
soient (qu'ils/elles soient) *subj. du verbe* être
solennellement *adv.* feierlich
songer à qn an jdn denken
soudain plötzlich
suggérer qc etw. vorschlagen
par la suite danach, später
sursauter aufschrecken

T

tandis que während
taper qn jdn schlagen, klopfen
tarder à faire qc *ici:* bei etw. Verspätung haben
tellement *adv.* so sehr
la **tempête** Sturm
tenu/e (être tenu/e de) angehalten sein, verpflichtet sein
terminer qc etw. beenden
la **terre entière** die ganze Welt
la **toile de tente** Zeltplane
tousser husten
traduire qc (à qn) (jdm) etw. übersetzen
traîner les pieds *ici:* lustlos gehen

traverser (l'idée me traversa) es kam mir der Gedanke
le **triangle** Dreieck
troué/e durchlöchert
la **trouvaille** glücklicher Fund

V

la **valeur** Wert
venir de faire qc soeben etwas getan haben
le **vent contraire** Gegenwind
véritable wirklich, echt
il/elle viendra er/sie wird kommen
le **vinaigre** Essig
ils/elles virent sie erblickten
le **voilier** Segelboot